요나가
체험한 기적

이성호 지음

LIVING IN FAITH SERIES
JONAH

Copyright © 2003 by Cokesbury

All rights reserved.
No part of this work may be reproduced or transmitted in any form or by any means, electronic or mechanical, including photocopying and recording, or by any information or retrieval system, except as may be expressly permitted in the 1976 Copyright Act or in writing from the publisher. Requests for permission should be addressed in writing to Permissions Office, 201 Eighth Avenue, South, P. O. Box 801, Nashville, TN 37202, or faxed to 615-749-6512.

Scripture quotations in this publication, unless otherwise indicated, are taken from THE HOLY BIBLE with REFERENCE Old and New Testaments New Korean Revised Version © Korean Bible Society 1998. Used by permission by Korean Bible Society. All rights reserved.

Writer: Sung Ho Lee
Cover photo credit: John Lund / Getty Images

Nashville

MANUFACTURED IN THE UNITED STATES OF AMERICA

차 례

제1과 도망가는 주의 종 5

제2과 잠자는 주의 종 13

제3과 고집 부리는 주의 종 21

제4과 회개가 없는 기도 29

제5과 사랑이 없는 선포 37

제6과 회개가 있는 기도 45

제7과 사랑이 있는 선포 52

제1과
도망가는 주의 종
요나서 1:1-3

1. 성경 이해

여호와의 말씀이 아밋대의 아들 요나에게 임하니라 이르시되 (1:1).

여호와의 말씀이 임한다는 것은 참으로 감격스러운 일이다. 선지자는 여호와의 말씀이 임하지 않고는 선지자로서의 사역을 감당할 수 없다. 그렇기 때문에 많은 사람들이 여호와의 말씀이 임하기를 기다린다. 어떤 사람들은 꿈 속에서 주님을 만나보기를 소원하고, 환상 중에 주님의 음성을 듣기를 소원한다. 그리고 중요한 결정을 내리거나 문제가 있을 때, 주님 앞에 기도하면서 그 말씀 한 마디 듣기를 간절히 사모한다. 여기 하나님의 말씀이 요나에게 임하였다! 얼마나 감사하고 감격스러운 일인가!

열왕기하 14장 25절을 보면, "이스라엘 하나님 여호와께서 그 종 가드헤벨 아밋대의 아들 선지자 요나로 하신 말씀과 같이 여로보암이 이스라엘 영토를 회복하되 하맛 어귀에서부터 아라바 바다까지 하였으니"라고 되어 있다. 이 구절에 의하면, 요나는 북왕국 이스라엘의 여로보암 2세가 주전 8세기 중엽에 한창 왕성한 제국을 건설하였을 때 활동한 선지자로 볼 수 있다. 국가의 영토도 하맛 어귀부터 아라바 바다까지 팽창되어 남북 왕조를 합치면 다윗과 솔로몬 시대를 능가하는 국가이고, 경제적으로도 태평성대를 누리던 시대였다. 집안도 좋은 집안이고, 국력도 왕성한 나라의 시민이고, 하나님의 말씀까지 직접 내려왔으니 모든 면에서 갖추어진 선지자라고 볼 수 있다. 그가 태어난 가드헤벨은 나사렛 근처에 있던 마을이다.

너는 일어나 저 큰 성읍 니느웨로 가서 그것을 향하여 외치라 그 악독이 내 앞에 상달되었음이니라 하시니라 (1:2).

하나님의 말씀은 "일어나라," "가라," "외치라"는 연속적인 동작을 명하고 계신다. 아무런 일을 하지 않아도 먹고 살 수 있는 부강한 나라, 좋은 집안의 선지자에게 하나님은 끊임없이 움직이라는 명령을 내리신다. 가만히 앉아서 외치는 것이 아니라 현재 안주하고 있는 나의 삶을 박차고 일어나서, 그 사건의 현장으로 가서, 거기서 외치라는 것이다. 우리들이 교회에서 선교비를 보내고, 그리고 그 선교에 대한 보고를 듣는 것도 아주 중요한 일이다. 그러나 하나님께서는 때때로 주의 종들을 불러서 "일어나라," "가라," 가서 "외치라"고 명령하신다.

주전 8세기 말부터 니느웨(고대 앗수르 제국의 수도, 오늘의 시리아)는 강력하게 고대 근동 지역을 제패하는 대제국으로 발돋움할 준비를 하고 있었다. 8세기 중엽에는 여로보암 2세의 기세에 눌려 있었지만, 이미 걸어서 사흘 길을 가야 통과할 수 있는 (요나 3:3) 큰 성읍을 이루고 있었음을 알 수 있다. 그 곳으로 가는 길은 "잠재적인 원수"의 나라로 가는 길이다. 이제 20-30년 안에 앗수르는 이스라엘을 멸망시킬 나라가 될 것이다 (주전 722년). 그렇다면 이미 백성들 사이에는 긴장감과 경쟁심이 감돌고 있었을 것이다. 그 나라를 쳐서 외치라는 것은 신나는 일일 수도 있다. 그 악독이 하나님 앞에 상달되었다는 것을 의미할 수도 있을 것이다. 그러나 또한 두려운 일일 수도 있을 것이다. 니느웨가 훨씬 강력한 군사력을 가진 나라일 수도 있다. 선지자 개인에게는 목숨을 건 일일 수도 있다. 이것은 마치 구한말에 일본 동경에 가서 일본의 멸망을 예언하며 외치라는 사명을 받는 것과 같다. 일본의 악한 행실을 쳐서 예언하라는 사명이다. 신나는 동시에 겁나는 사명일 것이다. 어떻게 느끼든지 분명한 사실은 하나님이 주신 사명이라는 것이다. 이 사명을 어떻게 감당할 것인가?

> 그러나 요나가 여호와의 얼굴을 피하려고 일어나 다시스로 도망하려 하여 욥바로 내려갔더니 마침 다시스로 가는 배를 만난지라 여호와의 얼굴을 피하여 그들과 함께 다시스로 가려고 배삯을 주고 배에 올랐더라 (1:3).

하나님이 주신 사명 앞에서 요나는 도망가는 길을 택했다. "요나"라는 이름은 "비둘기"를 뜻한다. 호세아 7:11은 비둘기(요나)에 대해 이렇게 말하고 있다: "에브라임은 어리석은 비둘기 같이 지혜가 없어서 애굽을 향하여 부르짖으며 앗수르로 가는도다." "에브라임"은 북왕국 이스라엘을 일컫는 또 다른 이름이다. 국가적인 어려움을 당할 때, 하나님 앞에서 부르짖어 기도하지 않고 외교적인 도움과 군사적인 원조를 얻기 위해 북쪽 앗수르로 달려가고,

남쪽 애굽으로 달려가는 모습을 비둘기에 비유하고 있다. 지금 하나님이 주신 사명 앞에서 도망가는 요나는 바로 이처럼 호세아 선지자가 말한 비둘기와 같다. 하나님을 피해서 다른 곳으로 가고 있는 것이다.

그 다른 곳은 어디인가? 다시스이다. 다시스는 페니키아 사람들이 무역항구로 남서부 스페인에 개척했던 곳이다. 당시 사람들은 이 곳을 세계의 끝으로 생각하였다. 니느웨는 북동쪽인데, 남서부의 무역항, 즉 완전히 반대쪽으로 방향을 잡은 것인 동시에 하나님의 영향력이 미치지 않는 세상의 끝으로 가려고 했다는 것이다. "여호와의 얼굴을 피하려고" 하였다는 것은 하나님의 눈이 미치지 않는 곳으로 가려고 했다는 것이다. 그러나 하나님이 보지 못하시는 곳이 어디 있는가? 시편 기자는 이 사실을 다음과 같이 고백한다.

내가 주의 영을 떠나 어디로 가며
주의 앞에서 어디로 피하리이까
내가 하늘에 올라갈지라도 거기 계시며
스올에 내 자리를 펼지라도 거기 계시니이다
내가 새벽 날개를 치며 바다 끝에 가서 거할지라도
거기서도 주의 손이 나를 인도하시며 주의 오른
손이 나를 붙드시리이다 (시편 139:7-10).

하나님의 얼굴을 피해서 갈 수 있는 곳은 아무 데도 없다. 요나는 지금 하나님이 주신 사명을 감당하기 싫어서 반대 방향으로 가려고 하지만, 사실 그것은 불가능하다는 것을 어느 누구보다 더 잘 알고 있다.

2. 생활 속의 이야기

어떤 남자 분이 계시다. 이 분은 한국에서 어느 교단의 신학교를 나오고 선교사가 되고 싶어서 영어를 배우려고 미국으로 유학을 왔다. 열심히 영어 공부를 하면서 생활을 하던 중에 어떤 여자 분과 눈이 맞아서 바람이 났다. 한국에는 처자식이 있는 분인데 그렇게 전도사가 바람이 났으니 교회에서도 난리가 났다. 그 여자 분과도 헤어질 수밖에 없었다. 사람들의 눈이 무섭고 입이 무서워 할 수 없이 그 지방을 떠났다.

다른 지방에 가서는 세탁소에서 일을 하였다. 열심히 일을 하며 돈을 벌지만 마음에는 평안이 없었다. 하나님께 죄를 짓고 도망친 죄인의 신분이라는 것이 늘 마음에 걸린다. 피로우니까 술도 마시고, 몸에는 기운이 뻗쳐나니까 운동을 많이 하였다. 성격도 호탕하고, 지도력도 있고, 운동도 잘하니까 교회에서 인기가 좋았다. 총각인 줄 알고 여러 처녀들이 마음속으로 좋아하였다. 그러나 한국에는 법적으로 멀쩡히 처자식이 있는 유부남이다. 지은 죄 때문에 한국에 돌아가지도 못한다. 이혼을 하려고 해도 부인은 남편이 모든 것을 회개하고 돌아오기만을 기다리며 기도하고 있다고 한다. 이혼을 절대 해 줄 수 없다는 것이다. 이혼이 되지 않으니 여기서 정식 결혼을 할 수도 없다. 어떤 이혼한 분과 동거하고 있는데 마음이 늘 편치 못하다.

다행히 사업이 잘 되어 돈은 제법 많이 벌었다. 동거하는 여자 분과의 금슬도 좋아서 밖에 나서면 아주 사이좋은 부부로 행세한다. 그런데 아직도 신분이 불법체류자 신분이다. 여자 분이 시민권이 있지만 결혼이 성립되지 않으니 결혼을 통해 영주권을 얻을 수도 없다. 돈을 벌면 선교사들을 지원하겠다고 했지만 아직 실천을 못하고 있는 형편이다.

이 남자 분은 성격이 아주 시원시원하고, 농담도 잘하고, 재미있는 분이다. 말씀을 전하면 성경에 대한 지식도 있고, 교회에서 봉사도 잘하고, 헌금도 잘한다. 사람들이 좋아하는 지도자 스타일이다. 그런데 함께 운동을 하는 사람들 말에 의하면, 운동이 끝나고 술이라도 한 잔 마신 후 취하게 되면 아주 상스러운 욕을 하고 싸움을 건다는 것이다.

그런 이야기를 들으면서 마음이 참으로 아팠다. 그 분 마음속에는 해결되지 않은 죄의식이 있는 것이다. 하나님이 주신 사명으로부터 도망친 사람에게 어떻게 평안이 있을 수 있겠는가! 그리고 한국에는 해결되지 않은 가족이 있지 않은가! 지금도 돌아오실 아빠를 위해 기도하는 자녀들과, 자신을 배신한 남편에게 애증이 뒤섞인 마음으로 하나님 앞에 기도하는 부인이 있다. 자기 가족을 생각할 때, 그 마음속에 어떻게 기쁨이 있을 수 있겠는가! 그리고 미국에서는 해결되지 않는 신분 문제가 있다. 유학비자가 만료되어 불법체류자 신분이 되었다. 물론 돈이 있고 사업체가 있어서 변호사를 통해 영주권을 신청해 놓았지만 몇 년이 걸릴지 모르는 상태로 매일 불안하게 살고 있다.

동거하는 여자 분은 여자로서의 일상적인 행복을 누리고 싶지만 남자 분의 상처를 함께 나누고 살자니 어디선가는 꽉 막히는 답답함이 있지 않겠는가! 사업이 잘되고, 돈을 많이 벌어서 지난번에는 집을 산다는 이야기를 들었는데, 이번에는 다른 상가를 하나 더 산다는 이야기를 들었다. 그렇게 돈을 벌어서 선교사들을 지원하겠다는 하나님과의 약속을 지켜보겠다는 것이다. 그러나 그러한 헌금이 하나님이 기뻐하지 않는 선교 후원이라는 것을 본인이 너무나 잘 알고 있다. 그러니 마음이 괴로운 것이다. 평소에는 웃는 얼굴과 힘찬 행동으로 감정을 감추고, 운동을 하면서 풀어보려고 하지만 술이 들어가는 순간, 자신의 모든 괴로움이 솟구쳐 올라오면서 욕을 하고 싸움을 걸게 되는 것이다. 마치 누가 실컷 두들겨 패주기를 기다리는 사람처럼 처벌을 목말라 기다리는 것이다. 그러나 사람들은 "술 취한 개"라고 욕하면서 슬금슬금 피하기만 하지 누구 하나 때려 주는 사람도 없다. 자기 손만 더러워지고, 잘못하면 경찰에 끌려가야 되는 일을 누가 하겠는가? 그래서 지금도 그렇게 불쌍하게 살고 있다. "이것은 아닌데… 이것은 아닌데…" 하면서 열심히 살고 있다. 지금도 그 분을 위해 기도하면 마음이 아프다. 하나님이 아직도 그 분을 사랑하기 때문이다. 하나님은 아직도 그 분의 신앙과 하나님에 대한 헌신을 믿어 주시기 때문이다.

3. 묵상을 위한 질문

(1) 하나님이 나에게 맡겨주신 사명은 무엇인가? 그 사명을 발견할 수 있는 방법은 무엇인가? 사람들은 어떻게 사명을 발견하였다고 말하는가?
(2) 하나님이 주신 사명을 우리가 감당하지 못하고 있다면, 무엇이 문제인가? 그 문제는 어떻게 해야 근본적으로 해결될까?

(3) 하나님이 내게 주신 사명을 발견하기 위해, 혹은 발견한 사명을 실천하기 위해, 지금 내가 당장 할 수 있는 일과 해야 될 일은 무엇인가?

4. 결단에의 초청

성도님은 하나님의 손길에서 완전히 벗어나 하나님이 볼 수 없는 곳으로 도망갈 수 있다고 생각하십니까? 하나님이 주신 사명을 감당하기 전에는 마음에 참된 기쁨도 평안도 없을 것입니다. 하나님이 원하시는 삶과는 정반대의 길로 가고 있다면, 지금 방향을 바꾸시기 바랍니다. 아무리 오래 걸려도 방향을 바꾸고 나면 시작이 반입니다. 잘못된 방향으로 가는 길은 빨리 갈수록 하나님과 더 빨리 멀어질 뿐입니다. 지금 방향을 바꾸면 그래도 아직 기회가 있습니다. 하나님은 지금도 기다리고 계십니다. 성도님의 방향 전환에 주님의 은혜가 함께 하시기를 빕니다.

제2과
잠자는 주의 종
요나서 1:4-6

1. 성경 이해

> 여호와께서 큰 바람을 바다 위에 내리시매 바다 가운데에 큰 폭풍이 일어나 배가 거의 깨지게 된지라 (1:4).

하나님은 큰 바람을 바다 위에 불게 하셨다. 히브리어로는 바람과 영이 같은 단어 "루아흐"이다. 천지를 창조하실 때에도 하나님의 영(바람, 루아흐)이 수면 위에 운행하셨다. 하나님의 영이 창조할 때에 움직이셨던 것이다. 그럴 때에 형체도 없고, 빛도 없고, 맛도 없고, 색깔도 없는 혼돈과 공허의 상태에서 우주 만물이 하나씩 창조되기 시작한 것이다. 에스겔 37장을 보면, 해골 골짜기에서도 말라 비틀어졌던 뼈들이 하나님의 말씀을 대언한 선지자의 명에 뼈가 서로 붙고 살이 붙어 육신이 된 후에, 하나님의 영(루아흐)이 불어오자 살아 있는 하나님의 군대가 된 것을 볼 수 있다. 즉 하나님이 불게 하시는 바람(영, 루아흐)에는 창조와 생명의 힘이 들어 있다. 하나님은 이러한 바람 중에도 큰 바람(루아흐-가돌)을 바다 위에 불게 하셨다. 요나의 고집이 얼마나 센지, 하나님도 큰 바람을 불게 하셨다.

이러한 큰 바람이 불어 대자 바다에는 큰 폭풍이 일어났다. 배는 거의 깨지게 되었다. 히브리어로 읽어보면, "힛쇠바르 르힛쇠베르"라는 발음이 난다. 소리로만 들어도 배에서 난리가 난 것 같다. 그런데 소리도 소리지만 뜻이 더 재미있다. 직역을 해 보면, "배는 자신이 거의 깨어질 것으로 생각하였다"는 말이 된다. "이 정도 태풍에 이런 파도가 치면 나는 곧 깨어진다"는 사실을 무생물인 배도 생각하고 있다는 것이다. 그런데 하나님의 종들은 자기들의 굳은 고집과 자아가 깨어질지도 모르는 큰 사건을 만나 하나님의 강력한 바람(루아흐)이 불어도 별 반응을 보이지 않는다. 예수님이 말씀하신 것처럼 그들은 곡을 하여도 울지 않고 피리를 불어도 춤추지 않는 사람들이다.

사공들이 두려워하여 각각 자기의 신을 부르고 또 배를 가볍게 하려고 그 가운데 물건들을 바다에 던지니라 그러나 요나는 배 밑층에 내려가서 누워 깊이 잠이 든지라 (1:5).

하나님이 바다에서 불게 하신 큰 바람에 가장 먼저 반응을 보인 것은 배였다. 자신은 이 속에서 곧 깨어질 것이라고 생각했던 것이다.

배 다음으로 사공들이 반응을 보였다. 사공들은 물론 자신들의 목숨이 끝장 날 것을 두려워했던 것이다. 바다에 익숙한 사공들이 이렇게 생각하였다면 폭풍이 얼마나 큰 것이었는지를 우리는 짐작할 수 있다. 이 사공들은 각각 자신들의 신을 불렀다. 일반적으로 바다의 사람들은 종교심이 강한 사람들이다. 그들은 일기의 변화를 예측할 수 없어서 목숨을 내놓고 물 위에서 사는 사람들이기 때문에 누군가를 의지하고 싶어서 바다와 관련된 여러 신을 믿게 된다. 그래서 이 구절에서 사공들이 각각 자기의 신을 부르고 있다. 그와 동시에 배를 가볍게 하려고 물건을 바다에 던지고 있다. 평상시에는 그렇게 애지중지했던 물건들이지만 목숨보다 중하지는 않다. 사실 항해의 목적은 물건을 운반하고 판매하여 이익을 남기는 것이다. 그러나 그러한 무역과 해운업도 생명이 보존된 후에 하는 것이다. 즉 사공들은 종교심을 가지고 있었지만 동시에 현실적인 생각을 할 수 있는 사람들이었다.

이러한 와중에 종교심과 현실 감각, 둘 다 외면하고 있는 사람이 있다. 그가 바로 요나이다. 요나는 배 밑층에 내려가서 누워 깊이 잠이 들었다. 무생물인 배도 생각할 수 있는 일을 생각하지 못하는 사람, 여호와 하나님을 모르는 사공들도 자신들의 신을 부르며 현실적인 조치를 취하느라고 아등바등 대며 살길을 찾을 때 아무 일도 하지 않고 누워 자는 사람, 그 사람이 요나였다. (요나의 이름을 읽을 때, "요—나"라고 읽어 보라. "요—너"가 아니다!)

하나님의 명령도 외면하고, 하나님의 영의 활동도 거부한 채, 배 밑에서 깊이 잠든 요나는 영적으로만 죽은 것이 아니다. 보통 사람이라면 풍랑 때문에 어려움을 당하고 있을 때, 같이 물건을 버리는 데 협조한다든지, 일어나서 하나님을 찾든지 할텐데 요나는 육적으로도 정상적인 상태가 아닌 것을 알 수 있다. 그는 "배 밑에 내려가서 깊이 잠이 들어" 있다. 너무 피곤하여 곯아떨어진 것일까? 아니면, 아예 "배 째라" 하고 하나님께 반항하는 것일까?

선장이 그에게 가서 이르되 자는 자여 어찌함이
냐 일어나서 네 하나님께 구하라 혹시 하나님이
우리를 생각하사 망하지 아니하게 하시리라 하니
라 (1:6).

드디어 선장이 나섰다. 배 위의 모든 활동을 감독하는 선장으로서는 이러한 생사의 기로에서 쿨쿨 잠만 자는 요나가 이해도 되지 않았을 뿐만 아니라 너무 분통을 터지게 만들었음에 틀림없다. 교회에서 모두들 청소한다고 야단인데 교회 한 구석에서 혼자 잠을 자는 사람만 보아도 얄미운 생각이 드는 것이 보통 사람들의 마음인데 (물론 조용히 담요를 덮어 주시는 성인들도 있다), 험한 풍랑으로부터 다들 살아보겠다고 하는 판국이니 어찌 화가 나지 않겠는가!

선장은 하나님이 요나에게 명령하셨던 것과 비슷한 명령을 반복한다. "일어나라," "구하라." 물론 1:2에서 하나님이 명하신 것 중에 "가라"는 명령이 빠졌지만, "일어나라"(히브리어로 "쿰")와 "구하라, 외쳐라"(히브리어로 "카라")라는 두 단어는 같은 어원을 가지고 있다. 즉 선장이 깨우는 소리 가운데서 요나는 하나님이 주셨던 명령을 다시 듣는 듯한 착각을 하게 된다. 이 두 단어가 같다는 것은 빠진 단어, "가라"는 말을 강조하는 효과도 있다. 잠결에 일어나서 외치라는 말을 듣고 깨는 순간, 자신이 가라는 명령에 불순종한 사실이 더욱 선명하게 생각나는 것이다.

"하나님이 우리를 생각하사 망하지 아니하게 하시리라"는 선장의 말은 사실이다. "요—나"만 생각했으면 괘씸해서 배를 부수어 버렸을지도 모르는 일이다. 그러나 하나님은 요나 외에 그 배에 탄 선원들의 생명을 생각하고 계신다. 그 선원들의 가족을 생각했을 것이다. 하나님을 몰라서 이방 신을 섬기고는 있지만 그들의 생명도 귀중한 것이다. 그러니 요나가 하나님께 선원들의 생명을 위해 부르짖어 보라는 것이다. 사실, 다른 사람의 생명을 살리기 위해서 외치는 것이 요나의 처음 사명이 아니었는가? 큰 성읍 니느웨에 거하는 수많은 생명들을 살리는 사명을 감당할 수 없다고 도망치는 "요—나"에게, 선장은 그렇다면 작은 배 위에 탄 선원들의 생명을 살리는 사명을 감당해 보라고 말하는 것이다.

세계 평화를 위해 일할 수 없다면, 조국의 평화 통일을 위해서 한 번 외쳐보라는 것이다. 민족을 위한 외침이 너무 버거우면 섬기는 교회를 위해 중보기도를 한 번 해보라는 것이다. 그것도 너무 크면, 내가 속한 속회를 위해 외쳐보라는 것이다. 그것도 많으면, 내 가정의 자녀들과 가족들을 위해 외쳐보라는 것이다. 작은 일에 충성한 사람에게 하나님은 큰 일을 맡기신다. "일어나라!" "구하라!" 심판의 메시지를 외치기 전에 먼저 생명을 살리는 중보의 기도로 구하는 훈련을 먼저 시키시는 하나님을 여기에서 보게된다. 어디로 가고 혹은 가지 않고는 하나님이 정하실 일이다. 내가 가지 않으려고 애써도 보내시는 것은 하나님이 정하실 일이다. 그러나 우리가 할 일은 두 가지이다. 일어나서 외치는 것이다. 그것도 멸망을 외치기 전에 먼저 다른 사람의 생명을 살려달라고 외쳐보아야 한다. 다른 사람들을 살려달라고 하나님께 큰소리로 부르짖어 본 사람만이 하나님의 심정을 전할 수 있다.

2. 생활 속의 이야기

하루는 아내와 저녁을 먹으려고 앉았는데 아내가 밥숟갈을 들다 말고 눈물을 흘린다. "왜 그래?" 하고 물었더니, "이북의 아이들이 먹을 것이 없어서 굶어 죽는 아이들이 많대" 하고 아내가 대답하고는 다시 운다. 갑자기 밥을 먹을 수가 없었다. 사실 밥 굶는 사람들이 얼마나 많은가? 이북의 아이들뿐 아니라, 많은 나라의 아이들이 밥을 굶고 있다. 그리고 미국에도 믿어지지 않겠지만 굶는 아이들이 많이 있다. 그러면, 그 아이들이 다 밥 먹고 살 때까지 내가 마음 편히 밥 한끼 먹을 수 없어야 된다는 말인가? 머리 속으로는 그런 생각들이 빠르게 흘러갔지만 당장 내 앞에서 아내가 울고 있는데 그런 말이 나오지 않았다.

더군다나 나는 평소에 이북에 대해서 좋지 않은 생각을 가지고 있었다. 기독교와 무신론을 신봉하고 유물사관을 가진 공산주의와는 이론적으로 도저히 양립할 수 없다고 믿었기 때문이다. 그리고 이북을 위한 모든 구호헌금은 이북의 체제를 강화시키는 데 사용되고, 군사용으로 전용된다는 의심이 있었기 때문이다. 군사무기 덜 만들고, 그 돈으로 식량을 사서 백성을 먹이면 될 것이 아니냐는 생각이 있었다. 그러나 아내 앞에서 그렇게 따질 기분도 아니었다.

왜냐하면, 아내의 사랑이 전해졌기 때문이다. 아내도 나 못지 않게 똑똑하고 이론적으로 내가 할 수 있는 말을 다 알고 있는 사람이었다. 아내가 그 아이들을 생각하고 마음이 아프다는 것은 이론의 문제가 아니었다. 다른 나라의 굶는 아이들이 많아도 왜 꼭 이북의 아이들을 생각할 때

마음이 아프냐고 하는 것은 따질 일도 아니었다. 하나님의 일을 하기 위해서는 "뜨거운 가슴"과 "차가운 머리"가 필요한데, 나는 "차가운 머리"만 굴리고 있었다. 그 날 저녁, 아내로 인하여 "뜨거운 가슴"이 내게 전달되었다.

그 날 저녁에 오고 가던 뜨거운 마음이 지역 통일위원회에 전달되었고, 전국연합회 차원에서 "오병이어" 운동으로 결실을 맺게 되었다. 오병이어 운동은 북한에 국수 공장을 지원하여 배고픈 사람들에게 먹을 것을 주자는 것이 핵심적인 내용이었다. 이 운동은 신약성경에서 어린아이 하나가 자신의 도시락을 주님께 드려서 남자만 오천 명이 먹고 열두 광주리가 남았다는 기적적인 사건을 다시 한번 재현해 보자는 뜻이 담겨 있다. 이 운동이 시작된 이래 일년에 약 10만 불씩 꾸준히 헌금이 걷혀 평양과 사리원에 있는 두 개의 국수 공장이 수많은 생명들에게 양식을 제공하고 있다. 이것은 정말 기적이다.

이북의 체제와 지도자들을 비판하는 사명을 받기 전에, 이북 사람들의 생명을 위해 기도하는 것이 성경적이다. 개인적인 체험을 뒤돌아보면, 이북의 어린이들을 위해 기도하기 전에 먼저 주변에 한 생명이라도 살린 체험이 있어야 그 기도가 나온다. 한 번도 주변의 망가진 인생을 내 마음속에 담고, 아파하고, 기도하지 않고 머리 속으로만 누구는 어떻게 살아서 잘못되었고, 누구는 어떻게 살아서 도와줄 필요가 없다는 생각이 드는 한, 중보기도는 나오지 않는다. 하나님의 심정을 배워야 생명을 살리는 중보기도가 나온다는 사실을 깨닫게 되었다.

3. 묵상을 위한 질문

(1) 언론에서도 늘 다루고, 설교를 통해서도 자주 듣고, 주변에서도 늘 들으면서도 나와는 상관없다고 느끼는 사건들이 있다. 곰곰이 생각하면서 그 중에서 지금 이 시간 내 마음에 와 닿는 사건은 무엇인가?
(2) 어떤 일이 일어날 때 나는 잠에서 깨어나는가? 다시 말해서 무슨 일이 나로 하여금 화를 나게 만들고, 무슨 일이 나를 기쁘게 하는가? 그것이 하나님이 내게 주신 사명과 관련이 있지는 않은가?

4. 결단에의 초청

일을 해서 돈을 벌면서 하루하루 사는 것이 잘못은 아닙니다. 그것은 아주 중요합니다. 그러나 때로는 주님이 깨워주시는 일이 있습니다. 그 때 계속 모른 척하는 것은 잘못입니다. 마음이 계속 가고, 신경이 계속 쓰이는 일이 있으면, 먼저 그 일을 위해 기도해 보십시오. 하나님이 필요한 계획을 보여주시고 필요한 사람을 붙여주실 것입니다. 하나님은 성도님께 기대가 큽니다.

제3과
고집 부리는 주의 종
요나서 1:7-16

1. 성경 이해

> 그들이 서로 이르되, 자 우리가 제비를 뽑아 이 재앙이 누구로 말미암아 우리에게 임하였나 알아보자 하고 곧 제비를 뽑으니 제비가 요나에게 뽑힌지라 (1:7).

제비를 뽑아 죄인을 찾아내는 방법은 여기서 처음 나타나는 장면이 아니다. 여호수아 7:16-18에 보면, 이스라엘 백성이 아이 성을 치다가 실패했을 때, 그 원인을 찾아내기 위해 제비뽑는 장면이 나온다. 제비를 뽑아 유다 지파를 정하고, 이어서 세라 족속을 정하고, 삽디 가족을 정하고, 마지막으로 아간이 죄인으로 뽑힌다. 제비 뽑는 것은 모든 일을 아시는 하나님을 신뢰하는 관습이었다.

> 무리가 그에게 이르되 청하건대 이 재앙이 누구 때문에 우리에게 임하였는가 말하라 네 생업이 무엇이며 네가 어디서 왔으며 네 나라가 어디며 어느 민족에게 속하였느냐 하니 그가 대답하되 나는 히브리 사람이요 바다와 육지를 지으신 하늘의 하나님 여호와를 경외하는 자로라 하고 (1:8-9).

제비를 뽑아서 요나가 지목되기는 했지만 문제가 아직도 해결되지는 않았다. 과연 요나가 무슨 일을 하였기에 이처럼 큰 풍랑이 일게 되었는가 하는 것이다. 여기서 이방 선원들은 그 원인을 알기 위해서 요나의 직업, 출신, 국적, 인종 등을 물어본다. 그러나 이러한 것들은 겉으로 드러나는 사실들이며, 지금 선원들이 겪는 재난과는 아무런 상관이 없는 일들이다.

신앙이 없는 사람들은 어려운 일을 겪을 때마다 종종 외부적인 원인을 찾는다. 내 직업과 출신 지역 때문에 어려움을 겪는다고 생각한다. 내가 황인종이라서 인종차별을 당한다고 생각한다. 이런 것들은 나의 어려움을 설명해 주는 이유가 될 수는 있지만, 성경적으로 생각한다면, 이런 이유들은 핑계밖에는 아무 것도 아니다. 참된 원인은 내가 하나님으로부터 떨어져 있고, 하나님이 원하지 않는 방향으로 가고 있다는 데 있다.

신앙인들 조차도 이러한 참된 원인을 밝혀내는 데 실패한다. 그것은 요나처럼 자신이 하나님의 선택된 백성이라고 하는 외형적인 소속감을 가지고 있기 때문이다. 그리고 자신은 바다와 육지를 지으신 창조주 하나님을 경외하는 자라는 형식적인 신앙 때문이다. 하나님 여호와를 경외하되 진정으로 그분이 바다와 육지를 지으신 창조주시며, 하늘에 계셔서 나의 생사화복을 주관하신다는 것을 믿으면 그렇게 하나님의 낯을 피하여 도망할 수 있는가? 이처럼 피상적인 원인 찾기와 형식적인 답변을 통해서는 이 어려움에서 벗어날 수 없다.

자기가 여호와의 얼굴을 피함인 줄을 그들에게 말하였으므로 무리가 알고 심히 두려워하여 이르

> 되 네가 어찌하여 그렇게 행하였느냐 하니라 바
> 다가 점점 흉용한지라 무리가 그에게 이르되 우
> 리가 너를 어떻게 하여야 바다가 우리를 위하여
> 잔잔하겠느냐 하니 그가 대답하되 나를 들어 바
> 다에 던지라 그리하면 바다가 너희를 위하여 잔
> 잔하리라 너희가 이 큰 폭풍을 만난 것이 나 때문
> 인 줄을 내가 아노라 하니라 (1:10-12).

요나는 자신이 하나님으로부터 도망치려고 했던 것이 이런 어려움을 당하게 된 진짜 원인이라는 것을 고백하였다. 이 말을 듣자 이방인 선원들도 수긍하고 두려워하였다. "네가 어찌하여 그렇게 행하였느냐" 하는 선원들의 말 속에서 요나의 행동이 정말로 이해되지 않는 것임을 알 수 있다. 하나님을 알고 있는 사람이 그렇게 도망친다는 것은 상상할 수 없는 일이다.

선원들이 어떻게 해야할지 몰라서 당황하고 있을 때, 요나가 대답하는 말을 보면 요나의 문제는 무지가 아니라 고집임을 알게 된다. 자신이 하나님을 거역한 것이 고난의 원인인 것을 알았지만, 회개하고 방향을 돌릴 생각이 전혀 없다. 자신은 바다에 빠져 죽을 망정 하나님의 뜻을 실천할 수 없다고 버티는 것이다.

> **그러나 그 사람들이 힘써 노를 저어 배를 육지에**
> **돌리고자 하다가 바다가 그들을 향하여 점점 더**
> **흉용하므로 능히 못한지라 (1:13).**

문제의 원인을 알았으면 그 원인을 해결해야 한다. 그러나 원인 자체는 그대로 두고 현상만 모면하려고 하면 해결이 나지 않는다. 지금 원인은 하나님께 불순종하고 고집 부리는 요나의 마음이 원인이다. 그런데 선원들은 배를 육지에 돌려서 안전을 얻고자 한다. 그런 방식의 해결책은 통하지 않는다. 바다는 점점 더 거칠어지고 선원들의 어려움은 더욱 가중될 뿐이다.

> 무리가 여호와께 부르짖어 이르되 여호와여 구하고 구하오니 이 사람의 생명 때문에 우리를 멸망시키지 마옵소서 무죄한 피를 우리에게 돌리지 마옵소서 주 여호와께서는 주의 뜻대로 행하심이니이다 하고 요나를 들어 바다에 던지매 바다가 뛰노는 것이 곧 그친지라 그 사람들이 여호와를 크게 두려워하여 여호와께 제물을 드리고 서원을 하였더라 (1:14-16).

이방 선원들은 여호와께 부르짖었다. 사실 이방 선장이 이미 요나에게 "네 하나님께 구하라"고 권한 적이 있다 (1:6). 그러나 요나는 들은 척도 하지 않았다. 오히려 이방 선원들이 여호와께 부르짖었다. 그것도 요나 한 사람의 생명을 구하고자 애를 쓰다가 할 수 없는 지경에 다다르자 하나님께 기도하고 자신들의 생명을 구해달라고 부르짖은 것이다. 요나는 니느웨 백성과 이방 선원들의 생명을 위해서 기도해 본 적이 없다. 자기를 바다에 던지라고 고집만 부리고 있다.

마침내 이방 선원들이 요나를 바다에 던지고 나자 바다가 곧 조용해졌다. 이것은 하나님이 바다의 풍랑을 일으키신 증거였다. 이방 선원들은 이처럼 분명한 증거 앞에서 바로 하나님을 인정하였다. 하나님 앞에서 제물을 드리고 서원을 한 것이다. 하나님이 살아 계신 분명한 증거를 가지고, 지식으로 알면서도 순종하지 않는 하나님의 종과 너무 뚜렷하게 대조를 이루고 있다.

2. 생활 속의 이야기

어떤 두 분이 교회에서 크게 싸움을 하게 되었다. 서로 감정을 상하여 말도 하지 않았다. 여러 날을 기도하면서 권면하고 책망도 하였다. 주일날 용서에 대하여 설교도 하였다. 설교 내용은 물론 주님께서 우리 한 사람 한 사람을 용서하신 것 같이 우리도 서로 용서하면서 살자는 것이었다. 일만 달란트를 탕감 받은 사람이 백 데나리온을 빚진 자를 옥에 가둔 것이 알려지면 일만 달란트를 탕감해준 사람이 어떻게 생각하겠느냐는 성경의 말씀도 이야기하고, 형제 자매가 죄를 지었으면 일흔 번씩 일곱 번이라도 용서하라는 예수님의 말씀도 인용하였다.

그런데 설교를 한 후에 보니 양쪽의 반응이 좋지 않았다. 두 분 다 목사님이 상대편 말만 듣고 나를 나무랐다고 생각한 것이다. "용서하라"는 말이 자신에게 양보하라는 말이 아니냐고 하면서 크게 반발하였다. 결국 양쪽으로부터 다 욕을 먹는 결과가 되었다.

그 두 사람도 용서가 성경을 꿰뚫는 핵심적인 주제라는 것을 모르는 분들이 아니다. 하나님은 죄를 지은 인간을 용서하시려고 스스로 인간의 육신을 입고 이 땅 위에 내려오신 분이다. 그리고 우리의 죄를 담당하고 십자가에서 죽으신 것이다. 십자가 위에서 하신 말씀 중의 한 마디도 바로, "아버지 저들을 사하여 (용서하여) 주옵소서 자기들이 하는 일을 알지 못함이니이다" 하는 것이었다. 그러한 희생이 있었기에 우리의 죄가 용서된 것이다.

우리 모두는 "용서"라는 단어를 이해하지 못해서 용서 못하는 것이 아니다. 다 알지만 용서할 수 없다고 고집을 피우는 것뿐이다. 용서하지 않으면 본인 스스로도 속이 편하지 못하다는 사실을 잘 알고 있다. 용서하지 않고 있는 동안 나의 마음속에는 마치 화장실에 가지 못하여 거북한 속처럼 무엇인가 배설하지 못한 갑갑한 기분이 있는 것이다. 그럼에도 불구하고 내가 용서한다는 것은 상대방에게 해방감을 주는 일이라서 싫은 것이다. 상대방이 괴로워하는 것을 보기 위해서는 나의 괴로움을 기꺼이 참겠다는 것이다.

성경을 묵상하면서 어떻게 할까 기도하는 중에 베드로전서 3:9를 읽게 되었다. "악을 악으로, 욕을 욕으로 갚지 말고 도리어 복을 빌라 이를 위하여 너희가 부르심을 입었으니 이는 복을 유업으로 받게 하려 하심이라." "용서하라"는 말을 바꾸어 "축복을 빌라"는 말씀을 전했다. 그리고 한 마디 덧붙였다. 예수님의 말씀에 상대방이 내가 준 축복을 받지 않으면 그 축복은 나에게로 되돌아온다는 것이다 (누가복음 6:38 참조).

상대방을 위하여 축복을 빌라는 말씀에 한 분이 고집을 꺾고 순종하였다. 사실, 상대방이 그 축복을 받을 만하지 않으면 그 축복이 자신에게 돌아온다는 것을 생각해서 할 수 있는 대로 많이 축복하였던 것 같다. 며칠이 지난 후에 상대방을 축복한 사람에게 놀라운 일이 벌어졌다. 상대방에 대한 미움이 없어졌다는 것이다. 그리고 자신이 먼저 미안하다는 편지를 써서 보냈다는 것이다. 이 편지를 받은 사람은 다시 그 사람을 찾아가서 포옹을 하고 화해를 할 수 있었다.

우리 모두에게는 몰라서 못하는 일보다 고집 때문에 못하는 일이 더 많다. "못 먹는 감은 찔러나 보자"는 심정과 "못 먹는 밥에 재를 뿌린다"는 심정으로 "내 눈에 흙이 들어가기 전에는 절대로 허락할 수 없다"는 선언을 한다. 합리적인 대화나 상식적인 해결책도 거부하고 감정을 풀지 않는다. 그 결과 "너 죽고 나 죽자"는 말이 그대로 실현되는 것이다. 고집만 버리고 나면 얼마든지 길이 있다. 다른 사람과 더불어 살기 위해서는 나의 고집을 버리고 전체를 다시 볼 수 있어야 한다. 차라리 나를 바다에 던져라 하고 버티지 않을 때 모든 사람들이 기뻐하는 결과가 나온다. 두 사람이 화해하고 나니 온 교회가 평안해지고, 사람들이 하나님께 영광을 돌리며 즐거워하였다.

3. 묵상을 위한 질문

(1) 우리 생활 주변에서 하면 좋다는 것을 잘 알면서도 하지 않는 일이 있는가? 그 중에서도 고집 때문에 버티는 일은 무엇이라고 생각하는가?
(2) 하지 말아야 한다는 것을 알면서도 하는 일이 있는가? 내가 망가지고 죽어간다는 것을 알면서도 고집을 부리는 일은 무엇인가?
(3) 하나님의 명령을 어기면서까지 고집을 부려본 적이 있는가? 그 결과는 어떠했는가?

4. 결단에의 초청

하나님이 원하시는 일을 하지 않고 고집을 부리는 것은 심각한 결과를 초래합니다. 우리는 이미 이러한 사실을 잘 알고 있습니다. 내가 고집을 부린 결과, 주변 사람들이 얼마나 많이 피해를 입었는지 솔직히 돌이켜 보십시오. 내가 고집을 부린 결과, 나 자신은 얼마나 많이 망가졌는지 살펴보십시오. 하나님이 계획하신 많은 아름다운 일들이 나의 고집 때문에 지연되고 방해된 것을 생각해 보십시오.

더 이상 고집부리지 말고 하나님께 순종하십시오. 나의 자존심과, 원한과, 열등감이 고집의 뿌리에 있는 것을 인정하십시오. 주님의 십자가에 그 모든 감정을 내려놓을 때, 다른 사람과의 관계가 달라질 것입니다. 고집만 꺾고 나면 세상이 달라질 것입니다. 더 이상 그렇게 지옥과 같은 삶을 살 이유가 없습니다. 우리의 삶은 그보다 더 행복할 수 있습니다. 우리 주님은 우리가 행복하기를 원하십니다. 모든 소모적인 감정에서 벗어나기를 원하십니다. 지금 주님이 초청하십니다. 주님 앞에 나아와 기도하실 때에 주님의 한없는 은혜를 체험하시기 바랍니다.

제4과
회개가 없는 기도
요나서 1:17-2:10

1. 성경 이해

> 여호와께서 이미 큰 물고기를 예비하사 요나를
> 삼키게 하셨으므로 요나가 밤낮 삼 일을 물고기
> 뱃속에 있으니라 (1:17).

여호와께서는 "큰 물고기"를 준비해 두셨다. 바람도 "큰 바람"이었고 파도도 "큰 파도"였다. 니느웨도 "큰 성읍"이었다. 요나의 고집도 "왕고집"이었다. 이런 요나를 상대하시는 하나님의 사랑도 "한없는 사랑"이시다. 우리 하나님은 손이 아주 크신 분이시다.

또한 하나님은 빈틈이 없으시다. 그 큰 물고기를 미리 준비시켜 주셨다. 여기서 "예비하사"라고 번역된 히브리어 단어는 우리가 "아멘" 할 때 사용되는 말과 같은 뿌리에서 나왔다. 즉 "그렇게 될지어다" "네, 동의합니다" 하는 "아멘"이라는 말처럼 하나님이 큰 물고기가 동의하도록 만드셨다는 뜻이다. 이 단어는 앞으로 세 번 더 나온다. 하나님이 박넝쿨을 "예비"하시고, 벌레를 "예비"하시고, 동풍을 "예비"하신다 (4:6-8). 이것은 하나님이 피조물들에게 명하시면 바다의 물고기나, 땅의 식물이나, 바람 등 모든 피조물이 듣고 순종하는 것을 나타내기 위한 것이다. 이와는 대조적으로 하나님의 종인 요나는 불순종하며 고집을 부리는 것이다.

　요나가 3일 동안 물고기 뱃속에 있은 것을 마태복음은 12:40에서 예수님께서 무덤에 장사지내셨다가 부활하실 것을 예언적으로 상징한다고 보고 있다. 3일이라는 기간은 같지만 예수님은 죽기까지 순종하심으로 무덤에 들어가신 것이고, 요나는 죽을 망정 순종하지 않으려고 하다가 물고기 뱃속에 들어가게 된 것이 다르다. 하나님의 무한하신 사랑은 불순종하는 종에게도 다시 기회를 주시기 위해 살려두신 것이다. 구약 원어에서는 큰 물고기가 고래와 분명한 관련이 없다. 번역하는 과정에서 고래가 가장 큰 물고기라고 생각해서 사람들이 고래를 떠올리는 것이다.

> **요나가 물고기 뱃속에서 그의 하나님 여호와께 기도하여 이르되 내가 받는 고난으로 말미암아 여호와께 불러 아뢰었더니 주께서 내게 대답하셨고 내가 스올의 뱃속에서 부르짖었더니 주께서 내 음성을 들으셨나이다 (2:1-2).**

　하나님이 니느웨 성읍을 쳐서 외치라고 할 때에도 도망가고, 이방 선장이 일어나 부르짖으라고 할 때에도 잠잠하던 요나가, 이제 하나님께 "기도하고," "불러 아뢰고," "부르짖었다." 다른 사람들을 살리기 위해 기도하라고 할 때에는 입도 떼지 않던 요나가, 이제 자신의 목숨이 달린 상황이 되니까 기도를 하기 시작한다.

　그러나 기도의 내용은 진실함이 전혀 보이지 않는다. 요나가 폭풍이라는 고난을 당할 때, 불러 아뢴 사람들은 이방 선원들이다. 그리고 바다에 던져질 때 주님이 큰 물고기를 준비하셨다가 요나를 삼키게 해서 목숨이 살아 있는 것이다. 사실은 요나가 고난을 당하면서도 불순종해서 죽게 되었을 때, 주님이 은혜로 살려 주셨다고 고백하는 것이 맞는다.

지금 요나가 해야할 기도는 철저한 회개의 기도이다. 그러나 요나는 그러한 진실 된 회개보다는 늘 입에 붙어 있던 형식적인 기도를 하고 있다. 이스라엘 사람들이 예루살렘 순례 길에서 부르던 시편 120:1의 "내가 환난 중에 여호와께 부르짖었더니 내게 응답하셨도다"라는 구절을 외우는 것 같이 들린다. 마치 부부 싸움을 하고, 자녀의 속을 썩이었는데도, 직장에 출근해서 "안녕하세요?"라고 인사하면, "아, 네, 좋은 아침입니다!"라고 늘 하던 인사를 하듯이 자신의 솔직한 고통과 잘못을 드러내지 않고, 경건한 순례자가 부르는 시편을 인용하며 부르고 있다.

주께서 나를 깊음 속 바다 가운데에 던지셨으므로 큰 물이 나를 둘렀고 주의 파도와 큰 물결이 다 내 위에 넘쳤나이다 (2:3).

요나를 바다 가운데 던진 분은 주님이 아니시다. 요나가 니느웨로 가기 싫어서 다시스로 가는 배를 탔고, 주님 앞에 굴복하기 싫어서 차라리 죽겠다고 자기 스스로를 바다에 던지라고 한 것이다. 이방 선원들이 요나를 바다에 던졌을 때, 하나님은 살려주셨다. 이제 큰 물고기 뱃속에서 안전하게 되었을 때, 요나는 큰 물이 자기를 둘렀고 주의 파도와 큰 물결이 자기 주변에 넘쳤다고 말하고 있다. 이것도 시편 42:7의 "주의 폭포 소리에 깊은 바다가 서로 부르며 주의 모든 파도와 물결이 나를 휩쓸었나이다"라는 구절을 생각나게 한다. 이 시는 이방 땅에서 주님을 갈망하며 부르던 시편이다. 지금 요나는 주님을 갈망하는 사람이 아니라 주님을 원망하는 사람이다. 즉 속마음으로는 주님을 원망하나, 외형상 표현은 주님을 갈망하는 종교적인 표현을 사용한다는 것이다.

> 내가 말하기를 내가 주의 목전에서 쫓겨났을지라
> 도 다시 주의 성전을 바라보겠다 하였나이다
> (2:4).

요나가 주의 목전에서 쫓겨났는가? 요나는 주의 얼굴을 피하여 도망하던 중이 아니었던가? 주의 성전을 바라보기 싫어서 도망하던 사람이 주의 목전에서 쫓겨났다고 말하는 것은 사실을 왜곡하는 것이다. 여기서도 요나의 고집과 위선이 드러난다.

> 물이 나를 영혼까지 둘렀사오며 깊음이 나를 에
> 워싸고 바다 풀이 내 머리를 감쌌나이다 (2:5).

이 표현은 시편 69:2의 "나는 설 곳이 없는 깊은 수렁에 빠지며 깊은 물에 들어가니 큰 물이 내게 넘치나이다"라는 구절을 생각나게 한다. 그런데 문제는 시편 69편은 억울한 치욕을 당하는 다윗의 기도라는 점이다. 요나는 자신의 고통을 "억울"하게 생각하고 있다는 것을 간접적으로 표현하고 있다.

> 내가 산의 뿌리까지 내려갔사오며 땅이 그 빗장
> 으로 나를 오래도록 막았사오나 나의 하나님 여

> 호와여 주께서 내 생명을 구덩이에서 건지셨나이다 (2:6).

이 구절은 시편 30:3의 "여호와여 주께서 내 영혼을 스올에서 끌어내어 나를 살리사 무덤으로 내려가지 아니하게 하셨나이다"라는 구절과 시편 40:2의 "나를 기가 막힐 웅덩이와 수렁에서 끌어올리시고 내 발을 반석 위에 두사 내 걸음을 견고하게 하셨도다"라는 구절을 생각나게 한다. 이 두 시편은 감사의 시편이다. 그런데 요나는 지금 참회와 탄식을 해야 할 형편이지 감사의 시를 노래할 형편이 아니다. 이것은 요나가 얼마나 위선적인 종교의 틀에 매여 자신의 솔직함을 드러낼 수 없는가를 보여준다.

> 내 영혼이 내 속에서 피곤할 때에 내가 여호와를 생각하였더니 내 기도가 주께 이르렀사오며 주의 성전에 미쳤나이다 (2:7).

이 구절은 시편 18:6의 "내가 환난 중에서 여호와께 아뢰며 나의 하나님께 부르짖었더니 그가 그의 성전에서 내 소리를 들으심이여 그의 앞에서 나의 부르짖음이 그의 귀에 들렸도다"라는 감사의 시를 떠올리게 한다. 요나가 환난 가운데서도 감사하는 자의 모범을 보여준다고 생각이 들지만 나중에 니느웨가 구원받은 후에 요나의 반응을 생각해 보면 그렇게 볼 수 없는 이유를 알게 된다.

> 거짓되고 헛된 것을 숭상하는 모든 자는 자기에게 베푸신 은혜를 버렸사오나 (2:8).

거짓되고 헛된 것을 숭상하던 자들은 이방인들이다. 그

러나 이방 선원들은 폭풍우에서 건짐을 당하자 하나님께 바로 서원제사를 드렸고, 하나님을 인정하고 예배를 드렸다. 니느웨 백성도 요나가 외칠 때 하나님 앞에 굴복하였다. 그 사람들이 자기에게 베푸신 은혜를 버렸다는 것은 요나의 편견이며 선입견이다. 오히려 이방인들은 하나님의 은혜에 즉각 응답하였다.

나는 감사하는 목소리로 주께 제사를 드리며 나의 서원을 주께 갚겠나이다 구원은 여호와께 속하였나이다 하니라 여호와께서 그 물고기에게 말씀하시매 요나를 육지에 토하니라 (2:9-10).

이 구절을 보면 물고기가 상한 음식을 먹고 토하는 장면을 생각할 수 있다. 아무리 고난을 당해도 회개할 줄 모르고, 자신의 아픔을 솔직히 아프다고 인정할 줄 모르고, 자신의 신앙은 전혀 문제가 없고, 어떤 환경에서도 하나님께 감사하며 입술로 범죄하지 않는 욥과 같은 신앙인인 것처럼 행동하는 요나를 물고기는 토해 버리는 것이다.

2. 생활 속의 이야기

어떤 목사 부인이 계시다. 이 분은 성격도 활달하고 말씀도 직선적으로 하는 분이시다. 남편이 좋은 직장에 다녀서 남부러울 것 없이 살다가 뒤늦게 소명을 받고 목사님이 되셨다. 자신은 목사 부인의 소명을 받지도 않았는데 어느 날부터 갑자기 남들이 "사모님"이라고 부르기 시작하였다.

많은 부담이 생겨서 "사모학"이라는 책들을 읽어보니 한 마디로 "벙어리 3년에, 귀머거리 3년, 봉사 3년"이라는 것이었다. 하고 싶은 말도 속으로 삼키고, 들은 말도 못 들은 것으로 여기고, 눈뜨고는 차마 못 볼 일도 보아 넘기는 것을 감당하라는 것이다. 그렇게 하지 않으면 남편이 하는 목회에 어려움이 생길 것이라는 경고였다. 소명을 받은 목사 부인은 아니지만, 남편이 성공하기를 바라는 마음에서 많은 날을 그렇게 보냈다. 그리고 기도할 때마다, "전부 제가 잘못한 탓입니다. 이 죄인을 용서해 주시옵소서"라고 늘 기도했다. 그러다가 마음이 상하고 우울증이 심해지셨다.

그래서 내가 말씀드렸다. "성도님들을 대할 때에는 지금까지 대하던 대로 대하십시오. 그러나 하나님 앞에서만은 솔직해 지시기를 바랍니다." 얄미운 사람이 있으면 욕도 하고, 죽이고 싶을 정도로 미운 사람이 있으면 죽여달라고도 하고, 억울한 것은 억울하다고도 하고, 내가 잘못했는데 자존심 때문에 말을 못한 것이 있으면 회개하라고 충고해 드렸다. 그리고 그렇게 오래 기도를 하셨다. 그랬더니 마음이 한결 가벼워졌다고 하신다. 나는 그 목사 부인이 성령으로 충만해서 진심으로 사랑과 관용으로 넘치기를 바란다. 그러나 아직 본인이 그 단계에 이르지 않았다면 숨기고 없는 것을 있는 척하는 것도 건강하지 않다. "뱁새가 황새 따라가다가는 가랑이가 찢어진다"는 것은 물질 씀씀이나 공부하는 학생들의 실력 차이에만 적용되는 것은 아니다. 영적으로 어린 사람이 성인 흉내를 내자니 힘이 든다. "하나님 앞에서만은" 솔직해 지자. 하나님이 사랑하는 마음을 주셔야 사랑도 할 수 있는 것이다.

3. 묵상을 위한 질문

(1) 사람들 사이에서는 위선과 형식이 필요하지만, 하나님 앞에서조차 위선이 필요한가? 하나님 앞에서 다 털어놓는다면 무슨 말을 하고 싶은가? 그 말을 종이에 다 적어보자. 그리고 나서 모닥불을 피워놓고, 하나씩 불에 태워보자.
(2) 우리는 억울함을 당하기 때문에 어려움을 겪는 경우도 있고, 내가 잘못해서 당하는 경우도 있다. 내가 회개할 부분은 무엇인가?

4. 결단에의 초청

하나님의 사랑은 용서 못할 죄가 없습니다. 변명하고 회피한다고 해결될 죄도 없습니다. 하나님 앞에서 솔직하게 고백하십시오. 그리고는 하나님이 깨끗이 잊으시겠다고 하는 약속을 믿으십시오. 하나님 앞에서 아직 내가 정리되지 못한 감정이 있다면, 그것도 솔직히 다 털어놓으십시오. 미우면 미운 대로, 억울하면 억울한 대로 다 이야기해도 들어주십니다. 거룩하지 않은 사람이 거룩한 척하면서 산다는 것은 괴로운 일입니다. 그러나 털어놓을 것을 다 털어놓은 다음에 하나님은 우리들을 한 걸음씩 거룩한 삶으로 인도해 주실 것입니다. 우리가 다 연약하지만 연약하다는 사실 때문에 하나님 앞에서 심판 받은 사람은 없습니다. 연약한 것을 인정하고 하나님 앞에 솔직할 때, 하나님의 은혜와 긍휼을 체험하실 것입니다. 승리하시기를 기도합니다.

제5과
사랑이 없는 선포
요나서 3:1-4

1. 성경 이해

> 여호와의 말씀이 두 번째로 요나에게 임하니라 이르시되 (3:1).

하나님의 말씀이 다시 한번 요나에게 임하셨다. 하나님은 처음에 실패하였다고 하여 매정하게 끊으시는 분이 아니시다. 일곱 번씩 일흔 번이라도 용서하라고 하신 하나님은 우리가 회개하는 한 무한정으로 용서하시고 기회를 주신다. 요나의 경우에는 회개하지 않는 상태에서도 다시 기회를 주신다.

다만 이번에는 아밋대의 아들이라고 하는 집안 설명이 없다. 그 설명이 빠지고 나니까 그가 언제 적 사람인지, 어느 나라 사람인지, 무엇하던 집안의 사람인지 하는 것이 다 빠지게 된다. 하나님은 이제 요나와 일 대 일로 만나고 싶어하시는 것이다. 국적이나, 집안이나, 배경을 다 뒤로 밀어 놓고 인격 대 인격으로 만나기를 원하신다. 사실 요나가 니느웨를 가기 싫어한 것도 이스라엘 국민으로서 앗수르의 수도를 간다고 하는 배경이 개입되어 있었기 때문이다. 그러나 이제 한 개인 요나가 하나님의 말씀을 받았다고 할 때는 조국도 없이 하나님의 종으로서 하나님의 피조물들을 대하는 포용성을 가질 수 있을 것이다.

일어나 저 큰 성읍 니느웨로 가서 내가 네게 명한 바를 그들에게 선포하라 하신지라 (3:2).

다시 한번 "일어나라," "가라," "선포하라"의 세 가지 명령을 듣게 된다. 니느웨가 다시 한번 "큰 성읍"으로 불려진다. 이 성읍이 크다는 것은 지리적인 크기만을 말하는 것은 아니다. 하나님께서 멸망시키기에는 너무 많은 생명이 살고 있다는 의미가 담겨 있다. 하나님은 어느 성읍을 보시든지 경제력이나 군사력을 보기보다는 그 성읍에 얼마나 많은 사람들과 가축들이 살고 있느냐 하는 생명에 대한 관심을 가지고 보신다.

처음에 명령을 내리실 때에는 하나님은 그 "큰 성읍"을 "쳐서 외쳐라" 하고 명령하셨다. 왜냐하면 "그 악독(wickedness)이" 하나님께 상달되었기 때문이다. 이 때에는 "크다"고 하는 의미가 그 성읍의 경제력이나 군사력을 의미하는 것이었다. 자신의 힘을 믿고 하나님의 법이나 사랑을 무시하고 강포를 행한다는 의미가 있었던 것이다. 그러한 점을 "쳐서" 외쳐야 했다. 주전 8세기에 예언 활동을 하였던 이사야, 예레미야, 호세아, 아모스, 미가 선지자를 보아도 자기의 조국과 주변 국가들을 "쳐서" 외친 것을 볼 수 있다. 주로 심판의 이유를 이야기하고, 심판의 필연성을 이야기하고, 그 다음에 회개를 촉구하고 하나님의 회복의 약속을 선언하는 것이 "쳐서" 외치는 선지자들의 전형적인 메시지의 내용이었다.

그런데 이번에는 하나님은 요나에게 "쳐서" 외치라고 말씀하시지 않고 "내가 네게 명한 바를 그들에게 선포하라"고 하셨다. 이것은 이스라엘 백성에게 주셨던 율법에 근거해서 그 사회를 비판하는 전형적인 선지자의 메시지와는 다른, 하나님이 특별히 주시는 말씀을 전하라는 것이다. 이 말씀의 결과가 어떻게 나타날지 요나는 미리 알 수 없다. 그러나 수많은 생명이 살고 있다는 것에 관심을 가지시는 하나님께서 니느웨로 요나를 보내시는 지금에 와서는 심판과 멸망이 아닌 다른 내용이 전개될 수 있다는 것을 짐작할 수 있다.

요나가 여호와의 말씀대로 일어나서 니느웨로 가니라 니느웨는 사흘 동안 걸을 만큼 하나님 앞에 큰 성읍이더라 (3:3).

요나는 여호와의 말씀대로 일어나서 니느웨로 갔다. 요나의 눈에 비추인 니느웨는 정말 "큰 성읍"이었다. 여기에서 "사흘 동안 걸을" 길이라는 설명이 붙은 것으로 보아서 요나는 그 성읍에 얼마나 많은 생명이 살고 있는가 하는 관심보다는 군사력과 경제력이 얼마나 대단한가 하는 관심을 가지고 보았음을 알 수 있다.

사람이 걸어서 사흘 동안 갈 길이라면 약 40-50마일 (60-80킬로미터) 정도 된다. 니느웨 성을 발굴한 고고학자들은 성벽으로 둘러싸인 지역은 지름이 약 3마일 (5킬로미터) 정도 되었다고 한다. 성 주변으로 인구밀도가 높았던 주변까지는 약 20마일 (30킬로미터) 정도 되었을 것이다. 그렇다면 요나는 하룻길을 걸어서 니느웨 성의 중심부까지는 가지 못하였을 것이다. 아마 변두리에서 출발

해서 성 외곽 정도까지 걸어가면서 하나님의 말씀을 전파했을 것이다.

그리고 선포한 말씀의 내용은 아주 간단하다. "사십 일이 지나면 니느웨가 무너지리라"라는 것이다. 왜 무너지는지 이유도 선포되지 않았고, 회개하면 하나님이 용서하시리라는 희망도 선포되지 않았다. 이것은 요나가 하나님께 받은 말씀을 기계적으로 전하고 있다는 것을 의미한다. 그 성읍이 무너지면 어떻게 하나 하는 안타까움이나, 그 성읍 속에 사는 사람들의 생명에 대한 관심이 없다. 다만 하나님의 말씀을 전하지 않고 도망가야 또 다시 곤욕을 치를 것이 뻔하니까 그대로 전하는 사명을 감당해야 하겠다는 마음뿐이다.

다만 여기서 40일이 지나면 무너진다고 하는 선언은 어떤 단서를 제공해 준다. 신명기 9:18-25를 보면, 이스라엘 백성이 하나님 앞에서 금송아지 우상을 만들고 뛰놀아서 하나님의 진노를 사게 되었을 때 모세가 40일을 금식하며 회개하여 하나님께 용서를 빌었던 기간이라는 것을 생각해 보면, 40일을 지나서 니느웨가 멸망하리라는 것은 금식하고 회개할 기회를 준다는 것과 관련이 있다. 오늘날 우리가 사순절을 40일로 지키면서 부활절을 준비하는 것도 이러한 성경의 40일 전통과 무관하지 않다. 예수님이 광야에서 성령에게 이끌리어 마귀에게 시험받으신 기간도 40일이다. 그러나 이방 사람들인 니느웨 백성이 이러한 성경의 전통을 알 리가 없다.

요나의 선언은 마치 "무슨 일을 하든지 상관없이 40일이 지나면 니느웨는 멸망당한다" 하는 것처럼 들린다. 일기예보를 전하는 사람이 며칠 뒤에 비가 올 것이라고 말하는 것처럼 중립적이면서 감정이 개입되지 않은 단순한 서술처럼 들린다. 하나님의 말씀을 그렇게 아무런 정열도 없이, 가슴도 없이 전해서는 안 되는데 말이다.

2. 생활 속의 이야기

하루는 새벽기도를 하다가 "주님의 심정으로 기도하게 도와주십시오" 하고 기도를 하게 되었다. 그러자 눈물이 걷잡을 수 없이 쏟아지는 것이었다. 우리 교회 성도들을 위해서 기도하거나 나 자신을 위해 기도하거나, 우리 조국을 위해 기도하거나, 미국과 세계를 위해 기도하거나 나오는 것은 눈물뿐이었다. 아무 말도 하지 않고 한참을 그렇게 울면서 가슴속으로 기도를 드리면서 깨달은 것이 하나 있었다. 우리 주님께서는 사람들을 뜨겁게 사랑하신다는 것이었다.

나는 성경을 연구해서 성경의 원리에 대하여 깨닫는 것이 있으면 그것을 성도들에게 선포하고, 성도들이 받아들이든지 받아들이지 않든지 그것은 성도들의 책임이라고 생각하였었다. 그런데 그 새벽기도를 하고 난 후에, 나의 태도가 변하게 되었다. 물론 받아들이지 않는 것은 성도들의 책임일 것이다. 그러나 받아들이지 않는 분들을 볼 때, 내 마음에 안타까움이 없었다는 것은 나의 부족함이었음을 알게 된 것이다.

나는 한국에서 신학대학을 다닐 때 기숙사에서 생활하였다. 기숙사는 식사시간이 정해져 있었다. 시간에 늦게 식당에 가면 식당은 이미 말끔히 청소된 상태였다. 식당에서 일하는 분들은 좋은 분들이었지만 많은 학생들의 개인 사정을 일일이 봐줄 수 있는 처지에 있지는 않았다. 밥을 정성껏 차려 놓지만, 먹고 먹지 않고는 학생의 책임이었다. 그리고 먹지 않은 경우에는 그냥 치워버렸다. 문득 그 때의 일이 생각났다. 만약에 어머님이 차려주신 밥상이라면, 내가 아무리 늦게 들어가도 반갑게 맞아 주시는 어머니의 사랑이 기다리고 있을 것이다. 국이 식었다면 데워 주실 것이고, 밥그릇은 따스하게 보온되어 있었을 것이다.

설교자가 정성껏 설교를 준비하였다고 해서 그가 할 일을 다 한 것이 아니라는 사실을 깨닫게 되었다. 먹든지 말든지 알아서 하라고 던져주는 것은 설교자의 자세가 아니라는 사실을 깨닫게 되었다. 설교자는 사랑을 담아서 하나님의 메시지를 선포하면, 성도들이 알아듣고 하나님을 체험할 수 있도록 모든 노력을 해야 할 것이 아닌가! 중보기도를 할 때도 마찬가지였다. 성도들의 이름을 불러 가면서 기도했으니 내가 할 일을 다했다고 생각하는 것이 아니라, 기도를 한 후에도 어떻게 되었는가 살피고, 부족한 것이 있으면 채우고, 주님의 말씀과 뜻대로 성도가 자라도록 양육하는 것까지도 목사의 몫이라는 사실을 깨닫게 되었다. 사도 바울이 말한 대로, 세상에 일만 스승이 있으되 아비는 없다고 하였는데, 나는 성경을 가르치는 선생이 되려고 하였지, 성도들을 양육하는 부모가 되려고 하지 않았구나 하는 깨달음을 얻게 되었다.

성경을 읽으면서 하나님의 뜻과 성경의 메시지를 발견하는 것이 어려운 일은 아니다. 많은 성경 공부 방법론이 있고 성경 해석 방법론들이 있지만, "하나님을 사랑하고 이웃을 사랑하라"는 계명 속에 다 들어 있다고 이미 예수님이 요약해 주셨다. 문제는 사랑이었던 것이다. 내 속에 하나님에 대한 사랑, 죽어 가는 영혼에 대한 뜨거운 사랑, 망가진 인생에 대한 안타까운 열정, 이러한 사랑이 있을 때 선포되는 메시지가 신문기사나 일기예보 같은 수준을 넘어서게 되는 것이다.

3. 묵상을 위한 질문

(1) 내가 마구 욕해대는 많은 사람들을 놓고 그들이 올바른 말과 행동을 하도록 기도해 본 적이 있는가?
(2) 누가 나의 잘못을 지적해 줄 때 고치고 싶은 마음보다는 자존심이 먼저 상하고 대들게 되는 이유는 무엇 때문일까?
(3) 내 마음속에 망하기를 원하는 단체나 국가나 민족이 있는가? 그들이 변화되어 하나님의 좋은 일꾼들이 되기를 위해 기도할 용의가 있는가?

4. 결단에의 초청

지금 세상에는 나의 사랑과 관심을 필요로 하는 사람들이 많이 있습니다. 그런데 나는 충고하고 야단 치려고만 하지 사랑하지 않는 경우가 더 많습니다. 자녀들에게는 공부하라는 말 외에 하루에 몇 번이나 사랑한다고 말해 보셨습니까? 부부간에 결점을 찾아내는 것 외에 얼마나 상대의 입장에서 생각해 보셨습니까?

이제부터는 하나님의 심정으로 사람을 보기로 결심합시다. 어떻게 하면 그 사람이 변화되어 하나님의 사랑 받는 자녀가 될 것인가 하는 생각을 가지고 궁리해 보십시다. 하나님이 주시는 지혜와 기쁨이 샘솟아 날 것입니다.

제6과
회개가 있는 기도
요나서 3:5-10

1. 성경 이해

> 니느웨 사람들이 하나님을 믿고 금식을 선포하고 높고 낮은 자를 막론하고 굵은 베 옷을 입은지라 (3:5).

놀라운 일이 벌어졌다. 요나는 아무런 이유와 설명과 회개를 촉구하는 내용도 없이 40일이 지나면 니느웨가 멸망할 것이라고 선포했을 뿐인데도 니느웨 백성이 하나님을 믿었다. 이것은 폭풍우 속에서 요나의 말을 듣고 하나님을 두려워했던 이방 선원들과 같다. 요나는 풍랑 중에도 자신의 불순종을 회개하지 않았는데, 이방 선원들은 요나가 하나님으로부터 도망가는 중이라는 말을 듣고도 하나님을 두려워하였던 것이다.

여기서도 보면 니느웨 백성이 하나님을 믿을 뿐 아니라 금식을 선포하고 큰 자로부터 작은 자에 이르기까지 굵은 베 옷을 입었다. 베 옷은 회개를 상징하는 옷이다. 금식도 주로 회개할 때 하는 것이다. 물론 에스더처럼 아하수에로 왕 앞에 나아가기 전에 민족의 목숨을 살려 달라고 하나님 앞에 기도했을 때 금식하는 경우도 있다. 다윗이 밧세바와 낳은 아이의 목숨을 살려 달라고 금식한 경우에는 간절한 소원과 더불어 회개를 겸한 금식기도였다. 그러나 많은 경우에 성경이 말하는 금식은 회개를 동반한다.

> 그 일이 니느웨 왕에게 들리매 왕이 보좌에서 일어나 왕복을 벗고 굵은 베 옷을 입고 재 위에 앉으니라 (3:6).

백성이 금식을 선포하고 베 옷을 입었다는 소문이 왕에게 들리자, 자신도 왕의 신분을 나타내는 조복을 벗고 회개의 상징인 베 옷을 입고 재 위에 앉았다. 앗수르의 종교 문서에 보면, 재난 예고의 타당성이 검증된 경우에는 그 재난에서 벗어날 때까지 왕이 그 보좌를 떠나야 한다는 기록이 나온다. 이것을 고려해 보면, 백성이 금식을 선포하고 베 옷을 입은 것은 요나의 재난 예고를 타당한 것으로 받아들였다는 말이 된다.

> 왕과 그의 대신들이 조서를 내려 니느웨에 선포하여 이르되 사람이나 짐승이나 소 떼나 양 떼나 아무것도 입에 대지 말지니 곧 먹지도 말 것이요 물도 마시지 말 것이며 (3:7).

앗수르의 많은 종교 문서는 왕과 대신이 재난을 예고할 경우에 재난이 짐승에게도 영향을 미친다고 말하면서 재난을 대비하기 위한 적절한 의식까지도 제안하고 있는 문서들이 많이 있다. 그러므로 성경에서 짐승까지 금식에 동참한다는 것이 참으로 희귀한 경우라고 생각이 들겠지만, 이스라엘의 이웃 나라인 앗수르에서 실천되고 있던 풍습이었다는 점으로 보아 이스라엘 사람들에게 그렇게 생소한 풍습은 아니었던 것 같다. 사실 사람이 하나님 앞에서

범죄하면 땅도 황폐해지고, 환경도 오염된다는 것은 오늘
날에는 널리 알려진 상식이지만 성경에서도 이것을 긍정
하고 있다.

> **사람이든지 짐승이든지 다 굵은 베 옷을 입을 것
> 이요 힘써 하나님께 부르짖을 것이며 각기 악한
> 길과 손으로 행한 강포에서 떠날 것이라 (3:8).**

한 가지 놀라운 사실은 이방 왕이 회개의 정확한 의미
를 알고 있다는 점이다. 회개는 마음의 변화만을 이야기하
는 것이 아니라, 행동의 변화를 수반해야 한다. 앗수르 왕
은 악한 길과 손으로 행한 강포에서 떠나라고 명하고 있
다. 종교적으로 드리는 형식적인 회개가 아닌 참된 행동의
변화를 보여주라고 하는 것이다. 하나님의 종 요나가 전해
야 될 말을 이방 왕이 대신 하고 있다.

> **하나님이 뜻을 돌이키시고 그 진노를 그치사 우
> 리가 멸망하지 않게 하시리라 그렇지 않을 줄을
> 누가 알겠느냐 한지라 (3:9).**

이 말은 이방인 선장이 요나에게 하나님께 부르짖으라
고 명령했던 말을 생각나게 한다. 요나는 들은 척도 하지
않았지만, 니느웨 백성은 하나님께 부르짖었다. 그것도 하
나님이 용서해 주시리라는 확신 때문에 부르짖은 것이 아
니라, 하나님이 혹시 구해 주실지도 모른다는 가능성만 보
고서도 회개를 한 것이다.

하나님께서는 회개하는 자를 살리시기를 원한다고 성
경에 기록되어 있다. 에스겔 33:11을 보면, 하나님이 이
렇게 말씀하신다: "나는 악인이 죽는 것을 기뻐하지 아니

하고 악인이 그의 길에서 돌이켜 떠나 사는 것을 기뻐하노라 이스라엘 족속아 돌이키고 돌이키라 너희 악한 길에서 떠나라 어찌 죽고자 하느냐 하셨다 하라." 그러나 이스라엘 백성은 이러한 경고를 듣고도 악한 길에서 떠나지 않아서 멸망되었다고 할 수 있다. 그런데 이방 왕이 이러한 하나님의 심정을 모르면서도 악한 길에서 떠나 살 길을 찾았다는 것이다.

이스라엘 백성은 보상론을 따르는 경향이 있다. 보상론이란 신명기 28장에 나와있는 것처럼 하나님의 말씀에 순종하면 축복을 받고, 하나님의 말씀에 불순종하면 저주를 받는다는 것이다. 그러나 이방 왕은 이러한 보상론을 이야기하지 않고 하나님의 자유와 하나님의 은혜만을 바라고 있다. 하나님이 혹시 뜻을 돌이키실 수도 있다는 것이다. 즉 하나님이 반드시 용서해야 할 의무가 있는 것은 아니지만, 용서해 주신다면 그것은 하나님의 은혜 때문이다.

하나님이 그들이 행한 것 곧 그 악한 길에서 돌이켜 떠난 것을 보시고 하나님이 뜻을 돌이키사 그들에게 내리리라고 말씀하신 재앙을 내리지 아니하시니라 (3:10).

하나님은 재앙을 내리지 않으셨다. 니느웨는 자신들의 악한 길에서 돌이켰고, 하나님은 재앙을 내리려던 생각에서 돌이키셨다. 여기서 "돌이키다"라는 단어는 히브리어로 "슈브"라는 동사인데, "회개하다"라는 뜻이다. 하나님이 회개하셨다는 사실이 자연스럽지 못해서 "뜻을 돌이키셨다"고 번역하였다. 재미있는 것은 요나만 자신의 고집에서 돌이키지 않는다고 하는 사실이다.

더 주목할 것은 여기서 심판과, 악한 길과, 분한 감정이 히브리어로는 다 같은 단어("라아")라는 사실이다. 하나님이 원하시는 것은 악한 길에서뿐만 아니라 분한 감정에서도 돌이키는 것임을 알 수 있다.

2. 생활 속의 이야기

 어느 해인가 교회에서 집사를 임명할 때였다. 어느 한 분이 집사 후보로 지명을 받았는데, 집사가 되기 위한 공부가 너무 어렵다는 것이다. 이 분은 사람도 좋고, 행실도 착실한 분인데, 성경을 잘 모르는 분이시다. 즉 공부를 잘 못하시는 분이셨던 것이다.

 이 분에게 집사를 드릴 것인가 말 것인가를 가지고 사람들 사이에 많은 말이 있었다. 여러 가지 교리적인 내용에 대한 시험이나 성경 내용에 대한 시험을 친다면 그는 붙을 수가 없는 사람이었다. 그러나 우리 교회에서는 그 분에게 집사를 드렸다.

 그 분 말씀이 성경 내용은 잘 몰라도 술 끊었고, 담배 끊었고, 십일조 잘하고, 주일 빼 먹지 않고, 집사람이 좋아하면 되지 않느냐는 것이었다. 사실 그렇다. 성경을 잘 알면서도 그러한 행실의 변화를 보여주지 못하는 분들이 얼마나 많은가? 그런데 이 분은 행동이 변화되었다는 것이다. 아직도 공중 기도를 하라고 하면 펄쩍 뛰신다. 본인은 아직 기도할 줄 모른다는 것이다. 그러나 기도하는 것을 들어보면 마치 아버님에게 개인적인 사정을 이야기하듯 하신다. 아마 자신이 매끄러운 문장으로 기도할 줄 모른다는 것 때문에 망설이시는 것 같다. 나는 그런 기도도 하나님이 받으시기에 부족함이 없다고 몇 번 격려해 드렸다. 그래도 여전히 공중 기도는 사양하신다. 부인이 좀 적어 준 것을 읽어도 좋으련만 떨린다는 것이다.

그런데 놀라운 사실은 이 분이 다른 사람의 잘못에 대해 관대해졌다는 점이다. 옛날에는 성을 잘 낼뿐만 아니라 성격도 급해서 사람들이 그를 조금 무서워하는 눈치였다. 다른 목사님들과도 몇 번 부딪친 적이 있다고 사람들이 귀뜸을 해주었다. 그런데 회개를 통해서 자신의 흉악한 죄를 예수님께서 용서해 주고 살려주셨다는 사실을 깨닫고 나서부터는 다른 사람들을 생각하는 마음이 너그러워졌다는 것이다. 남들을 미워하고 원망하는 것은 회개 이전의 일이다.

기독교인들은 행위가 없이 입만 살았다는 이야기를 종종 들을 때가 있다. 그러나 주변에서 이처럼 변해 가는 사람들을 볼 때 희망을 가진다. 하나님은 정말 배우지 못한 사람들을 통해 배운 사람들을 부끄럽게 하는 분이시다.

3. 묵상을 위한 질문

(1) 하나님 앞에서 간절하게 회개해 본 기억이 있는가? 언제였는가? 무슨 일로 회개하게 되었는가?
(2) 자신이 간절하게 회개를 한 후에도 회개한 내용과 똑같은 잘못을 저질러 당황하거나 좌절해 본 적이 있는가? 어린 아이가 걸음마를 배울 때, 아무리 잘 걸으려고 결심해도 넘어지지 않고 걸을 수 있을 때까지는

많은 시간과 연습이 필요하다는 사실을 우리가 잘 알고 있다. 좌절함에도 불구하고 결국은 죄를 극복한다는 확신이 있는가?
(3) 아직도 용서하지 못했을 뿐만 아니라 앞으로도 용서할 수 없다고 생각되는 사람이 있는가? 왜?

4. 결단에의 초청

하나님 앞에서 잘못한 것이 생각날 때 가장 좋은 방법은 바로 회개하는 것입니다. 그리고 정직하게 회개하는 것입니다. 때로는 지난번에 회개한 것이 생각나서 낯뜨거워서 다시 회개할 수 없다는 생각이 들 수도 있을 것입니다. 그러나 영어를 배울 때를 생각해 보십시오. 한 번 듣고 외어지는 단어는 별로 없습니다. 읽고, 쓰고, 외우는 과정을 몇 번씩 거듭해야 외어집니다. 하나님 나라의 말을 배우는 것도 이와 같습니다. 좌절하여 포기하지만 않고 계속 노력한다면 정복할 수 있습니다.

잘못을 저지를 때마다 즉각 회개하고 다시 고치는 가운데 좋은 성품과 행동과 인생을 개척할 수 있습니다. 지금 다시 힘을 내십시오. 그리고 회개하는 기도를 드리십시오. 하나님은 우리의 회개를 들어주시고 우리를 그리스도인의 완전으로 인도하실 것입니다.

내가 이처럼 잘못을 저지르지 않는 사람이 되기 위하여 시간이 좀 걸린다면 다른 사람들도 그렇지 않겠습니까? 그들에게도 시간을 주고 잘못할 수 있는 기회를 주십시다. 내가 용서받은 것처럼 다른 사람도 용서할 수 있을 것입니다.

제7과
사랑이 있는 선포
요나서 4:1-11

1. 성경 이해

요나가 매우 싫어하고 성내며 (4:1).

여기서 요나가 매우 싫어하고 성낸 이유는 하나님께서 니느웨를 심판하지 않으셨기 때문이다. 니느웨는 앗수르의 수도로 이스라엘 백성을 공격하고 멸망시킨 역사적인 사실을 생각해 보면 (주전 722년), 요나가 품었던 이러한 원한의 감정을 이해할 수 있다. 마치 구한말의 한국과 일본 사이처럼, 이미 이 당시에 이스라엘 백성과 니느웨 백성 사이에는 미운 감정들이 쌓여 있었던 것이다. 그러나 요나의 원한은 단순히 하나님이 니느웨를 심판하지 않으셨다는 사실에만 있는 것 같지 않다. 2절을 보자.

여호와께 기도하여 이르되 여호와여 내가 고국에 있을 때에 이러하겠다고 말씀하지 아니하였나이까 그러므로 내가 빨리 다시스로 도망하였사오니 주께서는 은혜로우시며 자비로우시며 노하기를 더디하시며 인애가 크시사 뜻을 돌이켜 재앙을 내리지 아니하시는 하나님이신 줄을 내가 알았음이니이다 (4:2).

요나의 분노는 하나님이 너무 사랑이 많다고 하는 사실에 있다. 하나님께서 요나에게 처음에 니느웨 백성에게 심판을 경고하라는 사명을 주셨을 때부터 (요나서 1:2) 요나는 혹시라도 니느웨 백성이 회개하고 돌아서면 하나님이 바로 용서하실 것을 염려하였다. 만일 그렇게 되면, 첫째로 자기의 예언이 잘못된 것처럼 여겨질 것이고, 둘째는 그렇게 되면 예언자로서의 자신의 명성에 흠이 갈 것이요, 셋째로 가장 중요한 것은 니느웨가 다시 살아날 가능성이 있다는 것이었다. 요나는 누구보다도 하나님을 잘 알고 있었다. 여호와는 "은혜롭고 노하기를 더디하고 인자와 진실이 많은 하나님"(출애굽기 34:6 참조)이시기 때문에 언제든지 용서해 주실 분이라는 것을 하나님의 종이 왜 몰랐겠는가! 요나는 이것이 싫었던 것이다. 죄를 지은 사람은 반드시 벌을 받고, 열심히 봉사를 한 사람은 확실한 상을 받았으면 좋겠는데, 모든 사람을 다 구원하신다는 것은 정말 불공평한 일이라고 여겨져서 화를 낸 것이다. 그러면 어느 정도로 화가 났다는 말인가? 3절을 보자.

여호와여 원하건대 이제 내 생명을 거두어 가소서 사는 것보다 죽는 것이 내게 나음이니이다 (4:3).

요나는 그렇게 죄인들이 회개하고 돌이켜 용서받는 모습을 보는 것이 죽기보다 싫었다. 주님을 위해 평생 동안 봉사한 자신과, 평생 동안 죄를 짓던 상대방이 똑같이 주님의 은혜를 받을 수 있다는 사실 자체를 요나는 인정하기 싫었던 것이다. 그러나 우리 하나님은 이러한 요나를 야단치지 않으신다. 요나도 하나님이 사랑하는 종이다. 하나님은 그 대신 요나에게 깨우침을 주시기 위하여 몇 가지 교훈을 준비하신다.

[하나님께서 조용하게 요나를 타이르시듯]
네가 성내는 것이 옳으냐 하시니라
[요나가 화난 사람처럼 말 없이 성문을 쾅 닫고]
요나가 성읍에서 나가서 그 성읍 동쪽에 앉아 거기서 자기를 위하여 초막을 짓고 그 성읍에 무슨 일이 일어나는가를 보려고 그 그늘 아래에 앉았더라 (4:4-5).

하나님이 왜 성내느냐고 물으시는데 요나는 대답도 하지 않는다. 마치 십대 청소년이 부모 말을 듣고 방문을 쾅 닫고 뛰쳐나가는 모습과 같다. 그리고는 성 동편에 앉았다. 가인은 아벨의 제사를 받으시는 하나님도 싫고, 자기보다 하나님의 사랑을 더 받는 것 같은 아벨도 싫어서 아우를 들에 나가 돌로 쳐죽이고 나서는 하나님의 징벌을 받아 에덴의 동편으로 가서 살았다. 남을 미워하는 사람들은 왜 동편으로 가는 것일까? 사실 동편은 해뜨는 곳이고 하나님의 사랑과 긍휼이 쏟아져 들어오는 곳인데 말이다. 그 곳에다 요나는 초막을 지었다. 그리곤 그 그늘에 앉았다. 마치 그 그늘로 하나님의 햇빛을 가릴 수 있기라도 한 것처럼. 그리고는 니느웨 성이 어떻게 되는가를 보려고 한다. 그러나 사실 니느웨 성은 이미 회개하고 뒤집어졌던 것이다. 요나만 그것을 인정하기 싫어한 것이다.

[박넝쿨을 준비하신 하나님]
하나님 여호와께서 박넝쿨을 예비하사 요나를 가

리게 하셨으니 이는 그 머리를 위하여 그늘이 지
게 하며 그의 괴로움을 면하게 하려 하심이었더
라 요나가 박넝쿨로 말미암아 크게 기뻐하였더니
(4:6).

하나님은 요나가 지은 초막으로는 하나님의 따사로운 햇빛을 가릴 수 없음을 알고 계셨다. 사실 얼마 지나지 않아서 하나님의 사랑의 빛은 이미 너무 뜨거워서 요나에게 "괴로움"이 되기 시작하였다. 하나님은 그 위에 다시 박넝쿨을 "예비"하셨다. 흥미 있는 사실은 여기에 "예비"(appoint)하셨다고 하는 말은 하나님의 종을 임명하는 것과 같은 단어이다. 박넝쿨은 임명받은 그대로 사명을 잘 감당하여 요나에게 기쁨을 주는 존재로 역할을 다하고 있다. 자기 사명을 외면한 요나에게는 과분한 복이다.

[벌레와 동풍을 준비하신 하나님]
하나님이 벌레를 예비하사 이튿날 새벽에 그 박넝쿨을 갉아먹게 하시매 시드니라 해가 뜰 때에 하나님이 뜨거운 동풍을 예비하셨고 해는 요나의 머리에 쪼이매 요나가 혼미하여 스스로 죽기를 구하여 이르되 사는 것보다 죽는 것이 내게 나으니이다 하니라 (4:7-8).

하나님은 또 다른 사명자들을 임명하셨다. 벌레와 동풍이 그들이다. 이들은 요나에게 교훈을 주기 위한 사명자들이다. 각각 자기 사명에 충실하여 하나님이 주신 일을 감당하였다. 벌레는 박넝쿨을 씹고, 동풍은 뜨거운 바람을 몰고 왔다. 요나가 그 동안 편히 살 수 있었던 것은 하나님이 주신 박넝쿨 덕분이었음을 알게 되었다. 욥의 모든 재물과 행복이 하나님이 주신 박넝쿨 덕분이 아니었던가! 그러나 하나님이 주신 박넝쿨을 하나님이 보내신 벌레가 씹어 먹은들 우리가 불평할 일은 아니다. 그러나 요나는 욥처럼 죽기를 원하였다. 동편에 하나님이 너무 가까이 계시니 사람이 감당할 수 없다. 그래서 성경은 하나님을 뵙는 자는 죽으리라고 한 것일까?

[하나님이 요나에게 조용히 타이르시듯]
하나님이 요나에게 이르시되 네가 이 박넝쿨로 말미암아 성내는 것이 어찌 옳으냐 하시니
[요나가 화가 나서 대답하되]
내가 성내어 죽기까지 할지라도 옳으니이다 하니라
[하나님께서 잘 알아듣게 나직한 목소리로]
네가 수고도 아니하였고 재배도 아니하였고 하룻밤에 났다가 하룻밤에 말라 버린 이 박넝쿨을 아꼈거든 하물며 이 큰 성읍 니느웨에는 좌우를 분변하지 못하는 자가 십이만여 명이요 가축도 많이 있나니 내가 아끼지 아니하겠느냐 하시니라 (4:9-11).
[요나의 침묵……]

요나는 처음 사명을 받았을 때도 도망갔다가 두 번째 사명을 받고서야 니느웨로 갔다. 처음 4:4-5에서 질문을 받았을 때도 침묵하고 화만 내더니, 이제 두 번째 대화에서는 화를 내며 말대답을 하였다. 그러나 이 두 번째 대화에서도 두 번째 질문에 대하여는 말이 없다. 두 번째로 니느웨로 향하던 것처럼 이제 두 번째 질문을 통하여 깨달음이 있었던 것일까? 우리로서는 요나의 속마음을 알 수 없다. 그러나 요나의 화가 풀리고 깨달음이 있기를 간절히 기도한다.

2. 생활 속의 이야기

하루는 병원에서 전화가 왔다. 어떤 한국 노인이 응급실에 들어왔는데 영어를 할 줄 모르니 빨리 병원으로 오라는 것이다. 급히 응급실로 들어갔더니 병원 의사가 보자고 한다. 그 노인이 위암 말기인데 아마도 얼마 살지 못할 것 같으니 잘 말해 주고 필요한 목회 상담을 해달라는 것이다. 나는 긴장된 마음으로 그 노인에게 갔다. 그 노인의 얼굴은 이미 사색이 완연하였다. 나의 소개를 하고 조심스럽게 말문을 열었다. "노인 분께서는 위암이신데 앞으로 얼마 살지 못하실 것 같습니다." 하며 조심스럽게 얼굴을 살폈다. 그랬더니 그 노인은 이미 알고 있다고 대답을 하였다. 자신도 생명이 얼마 남지 않은 사실을 알고 있기 때문에 가족들을 만나보고 죽으려고 가족들이 사는 곳으로 가다가 그만 도중에 쓰러져서 이렇게 객지의 응급실로 실려 왔다는 것이다. 나는 가족들의 연락처를 물어 보았다. 노인은 가르쳐는 주면서도 아마 연락해야 아무도 오지 않을 것이라고 말했다. "왜요?" 하고 물어보며 이상하게 생각하는 나에게 그 노인은 자신의 과거를 털어놓았다. 자신은 직업이 목수인데 젊어서 술과 도박과 여자에 미쳐서 집안을 내팽개치고 공사판으로만 떠돌던 사람이라는 것이다. 아내와 자식들은 자신 때문에 많은 고생을 했고, 남남으로 산 지가 벌써 30년이 넘는다고 했다. 그런데 지난 해 남부 플로리다에서 전도를 받고 성도가 되었다고 한다. 그리고 나니 지나온 세월이 너무 후회되어 한없이 울고 회개를 하였다. 그리고 플로리다 교회의 강대상도 만들고 의자도 만들고 아이들 놀이터도 고치고 하다가 위암을 발견하였다고 한다. 이제 예수 믿고 봉사 좀 하려고 하였더니 위암이라는 진단을 받아 한스럽기도 하지만, 죽기 전에 가족들에게 용서를 빌어야겠다는 생각이 났다는 것이다. 그래서 용서를 빌러 가는 중인데, 자신이 직접 나타나 용서를 빌면 모를까 목사님이 전화하면 누가 내려오겠냐는 것이다. 그러면서 간절한 기도를 부탁했다. 나는 그 노인을 위해 간절히 기도해 드리고 집으로 돌아왔다.

그 날 밤 새벽 2시에 전화벨이 울렸다. 병원이었다. 그 노인이 돌아가신다는 것이다. 급히 병원에 가서 임종예배를 드리고 노인의 눈을 감겨드렸다. 장의사에서 장례 준비를 하는 동안 가족들에게 연락을 했다. 다행히 부인과 자녀들이 도착하였다. 장례예배를 통해 내가 아는 대로 그 노인의 진실된 회개를 증거하고 용서를 구하였다. 가족들은 그 노인의 시신을 붙잡고 모두 울면서 용서의 예배를 드렸다.

사람이 사는 것은 참으로 짧은데, 우리는 왜 용서하지 못하고 사는 것일까? 하나님이 이미 다 용서하셨다면 우리도 용서할 일이다.

3. 묵상을 위한 질문

(1) 나의 일생에 원수가 된 사람들은 누구인가? 왜 그런 관계가 되었는가?
(2) 나는 니느웨 백성과 요나 중 어느 쪽에 가까운가?
(3) 지금 나에게 용서하라고 하시는 하나님의 음성이 들리는가?

4. 결단에의 초청

성도님은 앞으로 얼마나 더 사실 것이라고 생각하십니까? 사실 우리들이 지금 사는 생애가 이미 덤으로 사는 것입니다. 바울은 "나는 그리스도와 함께 이미 십자가에 못 박혀 죽었습니다. 그런즉, 이제는 내가 사는 것이 아니라 내 안에 그리스도께서 사시는 것입니다." 하고 고백했습니다. 그리스도는 용서의 삶을 사셨습니다. 이제 우리가 덤으로 사는 것이라면 우리도 용서의 삶을 살아야 할 것입니다. 요나처럼 아무 대답 없이 하나님 앞에 침묵으로 일관하실 것입니까? 하나님의 초청에 응답하시기 바랍니다. 용서하십시오. 그리고 이제 과거의 원한에서 완전히 자유롭게 사십시오. 세상이 줄 수 없는 평안과 자유가 성도님의 것입니다. 주님의 은혜가 성도님과 함께 하시기를 빕니다.

www.ingramcontent.com/pod-product-compliance
Lightning Source LLC
Chambersburg PA
CBHW010919040426
42444CB00016B/3454